Пригоди Свистульки та Марквинки

в зоопарку

Марина К. Гіпсов

Над книгою працювали

Відповідальна за текст та ілюстрації
Марина Коберідзе Гіпсов

Відповідальний за верстку і дизайн
Кирило Олійник

**Відповідальна за редагування,
крапки і коми**
Тетяна Кришталовська

Відповідальні за ретуш
Максим Любимов, Кирило Олійник

Дякую вам, мої сонячні дітки, за те, що надихаєте мене на нові подвиги, навчаєте уму-розуму і нагадуєте про те, як важливо просто бути! Люблю вас. Завжди.

Також люблю та дякую всім своїм — чоловікові, рідним і друзям — за підтримку мого амбіційного проєкту й допомогу в його реалізації.

или-були собі Свистулька та Марквинка. І ось одного разу вирішили вони податися до зоопарку. «А де ж їхні батьки?» — запитаєте ви. Їхня матуся пише цю історію, поки тато поруч тихенько хропить на дивані. Просто тато рано-вранці вигулював своїх дітлахів, Свистульку та Марквинку, і трішки втомився, ось і приліг подрімати на годинку-дві, а разом із ним — кішка Кузя. Але ця розповідь не про це, а про те, як Свистулька та Марквинка побували в зоопарку і зустріли там… Скоро дізнаєтеся кого.

— Слухай, Марквинко, а поїхали в зоопарк? — запропонувала Свистулька.

— Зоопарк? Це парк, де живе Зоо? І хто такий цей Зоо? — запитав Марквинка.

— Ну, не зовсім. Зараз я тобі поясню, — терпляче відповіла Свистулька. — У перекладі з грецької мови «зоо» означає «жива істота» або «тварина».

— А-а-а, тобто зоопарк — це парк для тварин? — просяяв Марквинка.

— Саме так! Зоопарк, або зоологічний парк — це таке спеціальне місце, де живуть звірі, птахи, риби і навіть комахи з різних куточків планети. Деяких із них привезли в гості. Для них зоопарк наче готель. Інших тварин, наприклад, врятували від загибелі й поселили в зоопарку, щоб вони одужали та набралися сил. Для них зоопарк немов оздоровчий санаторій. А ще є і такі тварини, яких поселили в зоопарку, щоб відновити популяцію загрожених видів. Для них зоопарк неначе курорт для закоханих.

— У зоопарку, напевно, дуже цікаво, — замріявся Марквинка і запитав: — Звідки ти все це знаєш, Свистулько?

— Я прочитала в дитячій енциклопедії, а ще мені мама і тато розповідали, — із поважним виглядом відповіла вона.

Так, Свистулька читала багато і всюди, де тільки

> Популяція — це сукупність особин одного виду тварин в усьому світі. Наприклад, популяція помаранчевих панд або популяція американських бізонів. Трапляється, що вмирає більше особин, ніж народжується. У такому разі люди говорять, що популяція скорочується. Скажімо, скорочуються популяції уссурійських тигрів і геконів.

> Енциклопедія — це така величезна книга, з якої можна дізнатися чимало цікавого. Наприклад, що таке зоопарк, популяція, хто такі уссурійські тигри та гекони і де вони живуть.

можна: у ліжку перед сном і одразу після пробудження вранці, за сніданком, в автомобілі, в автобусі, у бібліотеці, у школі й після школи, у парку та, бувало, навіть у гральній кімнаті або на дитячому майданчику, якщо їй потрапляла до рук захоплива книга. Однак навіть Свистулька поки що не знала, що деякі мешканці зоопарку народжуються прямо в ньому і ніколи не бували за його межами. Для них зоопарк — рідний дім. Саме про такого мешканця зоопарку я і розповім вам цю історію.

— І як ми туди дістанемося? — поцікавився Марквинка.

— Автобусом, звичайно! — відповіла Свистулька.

— Ура! — зрадів Марквинка і почав взувати сандалі.

Він дуже любив кататися на автобусі, та й загалом на будь-якому транспорті: автомобілі, потязі, ван-

---

Історія ця — вигадка, хоч є в ній і трохи правди. Усе, що здається дивним чи неможливим, залишаю на розгул вашої фантазії, любі читачі.

тажівці, тракторі, тому не проминав нагоди проїхатися куди-небудь. Марквинка жваво розтикав по кишенях свого комбінезончика маленькі морквинки. Чому і навіщо — ви скоро дізнаєтеся. А Свистулька тим часом узяла свій рюкзак, у якому вона завжди носила альбом для замальовок, олівці, крейду для малювання та книгу, і склала в нього пляшки з водою та імбирне печиво в дорогу. Діти вийшли з дому і сіли в автобус, який дуже вчасно під'їхав.

— Привіт, дітлахи! Вам куди? — запитала водій автобуса Лілу.

— У зоопарк! — дружно відповіли діти. Свистулька просканувала свій мультипас для оплати проїзду.

— Добре, сідайте і пристебніть паски безпеки,

будь ласка, ми рушаємо, — строго мовила Лілу.

Свистулька одразу почала читати книжку «Мама-кіт» про одного кота, який навчив чайку літати. Марквинка ж із цікавістю задивився у вікно на автомобілі, що снували повз них туди-сюди, пішоходів, які поспішали хто куди, тіністі дерева і метушливих горобців, які ніяк не могли поділити крихти печива, що дбайливо залишив їм кумедний карапуз, якого батьки кудись везли у візочку. Тим часом автобус під'їхав до зоопарку.

— Зупинка «Зоопарк»! — оголосила водій Лілу та відчинила дверцята автобуса.

Діти вискочили з автобуса і підстрибом попрямували до головних воріт, де висіла табличка «Ласкаво просимо до нашого чудового зоопарку!». Прямісінько біля входу стояла величезна статуя лева.

— Це лев! Його вважають королем звірів, — діловито заявила Свистулька. З іншого боку від лева

стояла трохи менша статуя орла.

— А це орел! Його вважають королем птахів, — уточнила Свистулька. — Я зараз намалюю короля лева, а ти тут почекай. Я швиденько, — і, насвистуючи мелодію з пісні «Віват, король!», почала малювати. Свистулька обожнювала котиків, а лев — також котик.

Марквинка тим часом вирішив залізти на орла і нагодувати його морквою, але той чомусь не прийняв гостинця. Річ у тім, що наш герой завжди носив у кишенях свого комбінезончика маленькі морквинки. Сам він моркву не любив, проте не раз чув від матусі, що вона корисна. Тому Марквинка постійно мав кілька штук при собі, на той випадок, якщо цей дивний овоч йому колись сподобається. До того ж він, бувало, використовував моркву як привід ухилитися від чищення зубів. Чесно кажучи, чистити

Спробуй і ти насвистіти свою улюблену мелодію. Не так просто, правда?

зуби він не любив ще більше, ніж моркву, і, коли наставав час брати до рук зубну щітку та пасту, хитресенький Марквинка викручувався як міг.

— Добре, з'їм я цю вашу моркву, якщо вона така корисна. Але тільки одну і замість чищення зубів! — категорично заявляв Марквинка.

— Домовилися, нехай так, — поступалася матуся, — але дуже прошу: прополощи рота, коли закінчиш.

У такі хвилини, відчуваючи себе переможцем, Марквинка гордовито хрумтів морквою.

А що Свистулька? Свистулька також не любила чистити зуби, але обожнювала солодощі. Ще вона любила свистіти, однак солодке іноді заважало цьому заняттю. Адже, якщо з'їсти багато солоденького, можуть розболітися зуби. А кому ж хочеться свистіти, коли зуби болять, згодні? І хоча ні Марквинка, ні

Свистулька не любили чистити зуби, усе ж таки вони робили це як треба, тому в обох були міцні та біленькі зубки.

Давайте-но я опишу вам наших героїв. Свистулька була високою восьмирічною дівчинкою з ясними блакитними очима та довгими золотавими кучерями. Заплітати їх вона не любила, тому зазвичай ходила з розпущеним волоссям, доки мамі не вдавалося спіймати її та заплести неслухняні кучері у хвостик чи косу, щоб не заважали під час читання або малювання. Одягалася Свистулька в коротенькі сукенки і шортики чи легінси, а улюбленим взуттям були блакитні мокасини. Марквинка був трирічним хлопчиком з ясними блакитними очима, як у сестри, і білявими кучерями-пружинками. Як і Свистулька, розчісуватися він не любив та не давався до рук ні сімейному перукареві Стейсі, ні навіть матусі. Він зазвичай носив блакитні сандалі й улюблений бавовняний комбінезон із кишеньками, в яких тримав морквинки та зберігав різні скарби.

~☙❀❧~

— Ти ще довго, сестро? — Марквинка вже не міг терпіти, йому хотілося йти далі.

— Усе готово! — відповіла задоволена своєю роботою Свистулька і сховала альбом у рюкзак.

— Ходімо! — мовила вона й узяла братика за руку.

Діти попрямували далі. Зоопарк був величезний, а їм хотілося встигнути побачити своїх улюблених тварин: сурикатів, мурахоїдів, броненосців, видр, помаранчевих панд, лисичку фенека, дикого кота-риболова, різнокольорових жабенят і обов'язково фламінго. Вони ще ніколи не бачили фламінго на власні очі, лише на картинках у книжках. Коли Свистулька та Марквинка підійшли до вольєра, де мешкали фламінго, вони неабияк здивувалися голосному гаму зграї фламінго.

— Ти тільки послухай, Марквинко! Такі витончені птахи, а кудахчуть, як звичайнісінькі кури! — мовила Свистулька.

— А мені здається, що вони ґелґочуть, наче гуси! — заявив Марквинка.

При тому ці галасливі птахи мали такий самий чарівний вигляд, як на картинках — високі тоненькі ніжки, довга вигнута шия, кумедний гачкуватий дзьоб і яскраво-рожеве пір'я.

— Дивися, їхнє пір'я вживу яскравіше, ніж на картинках. Яка краса-а-а! — присвиснула Свистулька й узялася малювати фламінго кольоровими олівцями.

Марквинка трохи занудьгував і вирішив себе чимось зайняти, поки сестричка малювала. Спочатку він спробував імітувати мову фламінго:

— Га-га-га, ко-ко-га-а-а, — видавав ці кумедні звуки Марквинка, чим веселив відвідувачів зоопарку,

які проходили повз нього.

Потім він спробував балансувати на одній ніжці, зображуючи стійку фламінго.

І нарешті вирішив порахувати всіх птахів. Виявилося, що у вольєрі було вісім (8) рожевих фламінго плюс (+) один (1) білий.

Так-так, уявіть собі — білий фламінго! Птах був наче нерухомий: зовсім не ґелґотав, не чистив пір'ячко, не тинявся в пошуках смачненького, а просто стояв окремо від інших фламінго, з опущеною шиєю, і тому здавався дуже нещасним. Марквинка покликав сестричку:

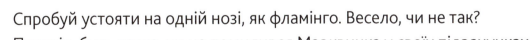 Спробуй устояти на одній нозі, як фламінго. Весело, чи не так?
Перевір, будь ласка, чи не помилився Марквинка у своїх підрахунках.

— Агов, Свистулько, ходи-но сюди. Дивися, білий фламінго! Такий сумний... Давай привітаємося.

Свистулька сховала альбом, і вони разом підійшли до фламінго:

— Добридень! Мене звати Свистулька, а це мій братик Марквинка. А як вас звати?

Фламінго трішки зніяковів, бо до нього ще ніхто не звертався так ввічливо:

— Добридень, приємно познайомитися! Через моє біле оперення мене тут усі кличуть Сніжок, але мені, чесно кажучи, це прізвисько не до вподоби.

— А як ви хотіли б, щоб вас звали? — поцікавився Марквинка.

— Мені хотілося б, щоб мене звали Лукас, — задумливо відповів птах. — Я колись прочитав це ім'я в одній книжці, і воно мені сподобалося.

— Ви ще й читати вмієте? — здивувалася Свистулька.

— Поки що я тільки вчуся, читаю по складах, — знову зніяковів птах.

— Я також, я також тільки вчуся читати по складах! — гордо заявив Марквинка.

— А хочете, ми будемо звати вас Лукасом? — запропонувала Свистулька.

Фламінго засяяв від радості:

— Правда?

— Правда-правда! — відповіла Свистулька.

— Чесно-чесно! — підтвердив Марквинка. І вони всі разом весело засміялися, а потім Лукас сказав:

— Якщо ми тепер знайомі, то можемо звертатися одне до одного на «ти». Ви не проти?

— Авжеж ні! — хором відповіли діти.

— Лукасе, а чому ти гуляєш окремо від інших фламінго? — нарешті запитала Свистулька. Лукас опустив голову, помовчав з хвилину і трохи сумно відказав:

— Бачте, я не такий, як вони, тому мене цураються.

— А чому? Через колір твого пір'я? — уточнив Марквинка.

— Угу. Коли я вилупився з яйця, то був сіренький, як інші пташенята в зоопарку, а потім побілів. Я сподівався, що ось-ось стану рожевим, але так поки і не став.

— По-моєму, це чудово, що ти не такий, як усі, і вирізняєшся з натовпу! — намагалася втішити Лукаса мудра Свистулька.

— Мені також дуже подобається твоє біленьке пір'ячко! Саме завдяки ньому я тебе й помітив! — підтримав

Свистульку Марквинка.

— Щиро дякую за добрі слова. Може, воно й так, проте я люблю яскраві кольори — червоний, помаранчевий, рожевий, і мені хотілося б мати кольорове пір'я, як у моїх родичів, — зітхнув Лукас. Свистулька задумалася і спитала:

— А твої батьки, брати і сестри — вони також із білим оперенням?

— Наскільки я пам'ятаю, у моїх мами й тата було рожеве оперення, як і в інших фламінго, а братів і сестер у мене немає, — відповів Лукас.

— Як так? — здивувалася Свистулька.

— Річ у тім, що фламінго відкладають тільки одне яйце на… — але доказати Лукас не встиг.

> Іноді самка фламінго (мама-квочка) відкладає 2–3 яйця за раз, але це трапляється украй рідко. Зазвичай у пари фламінго буває лише одне яйце, тобто одне пташеня на рік.

— Ой, дивіться, а чого це вони так заметушилися?! — раптом вигукнув Марквинка і показав на зграю фламінго. І справді, всі птахи замахали крилами і помчали до іншого боку огорожі.

— Це прийшов наглядач зоопарку Мирт, приніс креветок їм на обід, — пояснив Лукас.

— А ти хіба не зголоднів? — поцікавилася Свистулька.

— У мене на креветки і молюски алергія, — зітхнув Лукас. — Мені окремо дають водорості й тюльку. Але водорості я терпіти не можу, а ось тюльку обожнюю.

— Мій друг Миколка, навпаки, обожнює водорості і частенько мене ними пригощає! — похвалилася Свистулька.

— А що, крім водоростей і тюльки, ти більше нічого не куштував? —

здивувався Марквинка.

— Ні, поки не доводилося. Та й не дозволяють нам брати їжу зі сторонніх рук. Особливо мені, через алергію, — з досадою відповів Лукас.

І тут Марквинка згадав:

— У мене ж є морква! Хочеш спробувати? Я її сам не люблю, але наша мама каже, що морква ду-у-у-же корисна!

Не дочекавшись відповіді, він дістав кілька морквинок і перекинув через огорожу під лапи Лукасові. Той трохи повагався, однак цікавість перемогла, і він миттю проковтнув усі морквинки, поки доглядач Мирт був зайнятий іншими фламінго.

— М-м-м, смачно, такі солоденькі, — і Лукас клацнув дзьобом від задоволення. Свистулька та Марквинка перезирнулися й захихикали. Потім Свистулька дістала воду й імбирне печиво з рюкзака і запропонувала їх братові та фламінго.

— Дякую, але мені б іще трохи моркви, якщо можна, — соромливо відповів Лукас.

— Звісно, пригощайся! — зрадів Марквинка і знову перекинув кілька морквинок.

Діти присіли на лавочку біля огорожі й узялися за воду і печиво, поки Лукас хрумтів морквинами. Навкруги було погідно, тепло і сонячно. Легкий вітерець обдував золотаві кучері дітей і білі пір'їнки фламінго.

— Як же приємно посидіти в затінку і перекусити в такій веселій компанії, — думала Свистулька. Судячи із задоволеного вигляду Лукаса і Марквинки, вони думали так само.

— Ну, нам час іти, — сказала Свистулька і подивилася на брата.

— Як? Уже? А можна ми ще трішки тут посидимо, ну будь ласочка! — благав Марквинка.

— Ти ж знаєш, мама і тато хвилюватимуться, якщо ми не повернемося до вечері.

— А ви ще прийдете до мене в гості? — з надією запитав Лукас.

— Обов'язково, і не раз! — заспокоїла його Свистулька.

— Обіцяємо! — підтвердив Марквинка.

— Тоді до зустрічі! — сказав Лукас і вклонився. Він був ввічливим фламінго.

— До зустрічі! — діти помахали рукою на прощання і попрямували до виходу.

Усю дорогу додому Свистулька думала про Лукаса.

— Треба поритися в дитячій енциклопедії. Може, там є підказка, як допомогти Лукасові стати рожевим? — звернулася вона до Марквинки. Та він її не чув, бо втомився за день, насичений пригодами, й заснув. Коли вони під'їхали до своєї зупинки, Свистулька легенько потермосила брата за плече:

— Агов, Марквинко, ми приїхали, прокидайся.

Сонний Марквинка розплющив одне око, позіхнув, потягнувся і нарешті скочив на ноги:

— Хутчіше! Нам же треба все матусі й татові розповісти!

Вони вибігли з автобуса і щодуху помчали до будинку, де на них уже чекали мама з татом зі смачною вечерею. Діти з таким захватом торохтіли про свої пригоди в зоопарку, що ні мама, ні тато не встигали вставити ні словечка. Вони просто усміхалися і дивилися на дітлахів так лагідно, як можуть дивитися тільки люблячі батьки.

Після вечері треба було готуватися до сну. Діти почистили зуби, переодяглися в піжами і разом з батьками почитали про пригоди Нільса з дикими гусьми. Потім тато пішов укладати Марквинку, а мама — Свистульку. Марквинка заснув, тільки-но його голова торкнулася подушки. Свистулька ж хотіла ще трохи побалакати з

мамою. Вона повідала їй про свій план з енциклопедією. Мама усміхнулася, поцілувала доньку в носик і сказала:

— Чудовий план, мені подобається. Я люблю тебе і пишаюся тобою. Добраніч, донечко. Ранок мудріший від вечора.

— Доброї ночі, мамо. Я тебе люблю, — відповіла Свистулька й заснула.

~☙❀❧~

Наступного ранку Свистулька прокинулася ні світ ні зоря й одразу розгорнула дитячу енциклопедію. Їй хотілося якомога швидше дізнатися, як же допомогти Лукасові стати рожевим. Та, на жаль, в енциклопедії не було ані слова про те, чому фламінго рожеві, і жодної згадки про білих фламінго.

Свистулька засмутилася і вирішила зателефонувати своєму другові Данику, щоб порадитися, як бути. Він дуже любив тварин і багато про них читав. Однак Даник не брав слухавку. Тоді Свистулька побігла в кімнату до брата. Той також уже не спав і порпався у шафі.

— Доброго ранку, Марквинко, ти що там таке робиш? — спитала Свистулька.

— Привіт, шукаю вбрання для Лукаса, — задумливо відповів той, — що-небудь червоне, помаранчеве або рожеве, хм.

Він почухав себе за вухом, і раптом його осяяла думка:

— О! Я подарую йому помаранчевий жилет від мого торішнього костюма на Хелловін! Оце він зрадіє!

— Ти думаєш, його крила пролізуть в отвори для рук?

Про це Марквинка якось не подумав.

— А й справді, — знічено сказав він. — Що ж робити?

— Давай попросимо маму розрізати рукава і пристрочити до них липучки — тоді Лукас зможе легко одягати і знімати жилет.

— А це ідея! — зрадів Марквинка.

І вони попросили маму допомогти. Коли жилет був готовий, діти стали збиратися в чергову подорож до зоопарку. Їм кортіло швид-

Спробуй з'єднати разом сторінки з кішкою Кузею, щоб побачити її всю!

ше побачити Лукаса в новому жилеті!

— Дітки, ми чекаємо вас на обід! — крикнув їм услід тато, який щойно повернувся з магазину.

Автобусна зупинка біля будинку, недовга подорож автобусом, ворота зоопарку, вольєр фламінго — ось-ось вони побачать Лукаса. Проте Лукаса ніде не було видно. Діти розгублено бігали вздовж огорожі і кликали його по імені. Раптом до них підійшов світло-помаранчевий фламінго, якого вони раніше не бачили.

— Здоровенькі були, я вас уже зачекався! — звернувся до них незнайомий птах. Діти здивовано перезирнулися.

— Вибачте, а ми хіба знайомі? — відповіла Свистулька.

— Це ж я, Лукас!

— Лукас? Це справді ти? — Марквинка наблизився до фламінго. Той закивав.

— А що ж сталося з твоїм оперенням?!

Свистулька не могла повірити своїм очам.

— Не знаю, — розвів крилами фламінго. — Я сьогодні прокинувся, пішов попити водички, а на мене у відображенні дивиться помаранчевий фламінго! Я аж відскочив від несподіванки, — Лукас засміявся. — Сам себе не впізнав!

— Цікаво, дуже цікаво, — міркувала вголос Свистулька. — Може, ти з'їв щось незвичайне?

— Та ні, ніби все як завжди — вода, тюлька і...

— Морква!!! — усі разом крикнули вони.

— Невже це і справді через моркву? — задумалася Свистулька.

— Оце так-так! Який гарний колір! — зачаровано

додав Марквинка.

— Мені також дуже подобається, — не приховуючи радості, відповів Лукас.

— То тобі тепер не потрібний помаранчевий жилет? — раптом згадав про свій подарунок Марквинка.

— Що за жилет? — запитав Лукас.

— Ось! — Свистулька дістала жилет із рюкзака і продемонструвала Лукасові.

— Яка краса! Це мені? — зворушено мовив Лукас.

— Так! Марквинка разом з нашою матусею приготували для тебе цей подарунок. Хочеш приміряти?

— Дуже хочу! — і Лукас підійшов ближче. За допомогою липучок Свистулька швидко закріпила рукава навколо крил. Яким же нарядним був тепер

Лукас!

— Щиро дякую, любі друзі!

Це був найщасливіший день у житті молодого фламінго. Якби фламінго вміли плакати, то Лукас неодмінно розридався б від щастя і вдячності.

— Носи залюбки! — побажав задоволений Марквинка.

Потім вони ще довго балакали, жартували і сміялися. Марквинка знову пригостив

Лукаса морквою, а Свистулька прочитала їм уривок із книги про пригоди Фіндуса й Петсона. Коли настав час повертатися додому, діти попрощалися зі своїм новим другом і поїхали додому.

Уже в автобусі Свистулька взялася писати листа до редакції дитячої енциклопедії: *«Шановна редакціє, будь ласка, додайте нотатку у вашу енциклопедію про те, що оперення фламінго може змінювати колір від їжі. Наприклад, воно стає помаранчевим, якщо фламінго з'їсть моркву. З повагою — Свистулька».* Їй дуже хотілося розповісти про це відкриття мамі з татом, а також

Тепер у дитячій енциклопедії є таке пояснення: «Колір оперення фламінго залежить від їхнього раціону, а точніше — від насиченості їжі каротиноїдами. Ця речовина надає рослинам рожевого, червоного або помаранчевого кольору. Саме каротиноїди роблять моркву помаранчевою, а помідори і синьо-зелені водорості — червоними. Вони також містяться у продуктах тваринного походження, наприклад, у креветках, лососі та молюсках».

своїм друзям — Миколці та Данику.

А Марквинка раптом запитав:

— Це що ж, якщо з'їсти багато моркви — і я теж стану помаранчевим?

А ви як гадаєте, юні читачі, а також їхні батьки?

Виявляється, тривале вживання у великих кількостях овочів із високим вмістом каротиноїдів, наприклад, моркви, гарбуза або солодкої картоплі, може спричинити помаранчеву пігментацію на обличчі й тілі. Такий стан називається каротинемія. Але турбуватися не варто. Каротинемія буває не в усіх і в цілому не становить небезпеки. Тож хрумтіть морквою собі на втіху!

А тепер порахуй, скільки мурашок повзе через книжку, із найпершої сторінки!

На цій сторінці ти можеш намалювати все що завгодно!
А на наступній сторінці знайдеш цікаву розмальовку!

Гра «Нагодуй фламінго»: розфарбуй одного фламінго рожевим кольором (креветки), іншого — помаранчевим (морква), третього — червоним (водорості), а одного фламінго залиш білим (тюлька). Потім попроси батьків відгадати, що у кожного фламінго було на обід.

Привіт!

Мене звати Марина Коберідзе Гіпсов. Народилася я в Білорусі, виросла в Україні в польсько-грузинсько-російській сім'ї, а нині живу у Сполучених Штатах Америки зі своїм чоловіком, нашими двома дітлахами та кішкою Кузею. Володію трьома мовами — українською, російською та англійською, трішки розумію білоруську і польську, а ось грузинську поки не вивчила. Люблю подорожувати, ходити в кіно, малювати, співати, танцювати, читати дитячі книжки, дуркувати і котиків!

Мене можна знайти в Інстаграмі: @maryna.gipsov. Пишіть, буду рада вашим відгукам!

Моя зачіска і рожевий колір волосся на фото — справа рук сімейного перукаря Стейсі! Справжнє ім'я талановитого майстра — Анастасія Ніл. Її контактну інформацію можна знайти на сайті: https://beautyondemand.fashion.

Використані матеріали

Створюючи ілюстрації, я надихалася фотографією фламінго Себастіана Кахнерта і статуями левів біля входу в Смітсонівський національний зоопарк.

Статуї левів були відлиті у 2002 році за ливарними формами скульптора-реставратора Рейнальдо Лопез-Каррізо. Ці форми він створив за фото і залишками оригінальних статуй Роланда Хінтона Перрі з меморіального мосту Тафта в місті Вашингтоні. Вони також відомі як леви Перрі.

Фотографія «Дощ у Дрездені», автор Себастіан Кахнерт, зроблена 15 травня 2019 року в Дрездені, Німеччина, https://www.gettyimages.com/detail/news-photo/may-2019-saxony-dresden-a-flamingo-is-standing-in-its-news-photo/1143971767, вебсайт за станом на 7 грудня 2019 року.

Проєкт реставрації скульптур левів з мосту Тафта в місті Вашингтоні, США, http://www.professionalrestoration.com, вебсайт за станом на 7 грудня 2019 року.

Скульптури «Леви Перрі», каталог-інвентар творів образотворчого мистецтва, Смітсонівський музей американського мистецтва, https://siris-artinventories.si.edu, вебсайт за станом на 7 грудня 2019 року.

«Міст Тафта», енциклопедія «Вікіпедія», https://en.m.wikipedia.org, вебсайт за станом на 7 грудня 2019 року.

«Американські фламінго», Смітсонівський національний зоопарк і Смітсонівський інститут з охорони тваринного світу, https://nationalzoo.si.edu, вебсайт за станом на 7 грудня 2019 року.

«Чи можна стати помаранчевим від моркви?», блог університету Пенн Стейт, https://sites.psu.edu, вебсайт за станом на 7 грудня 2019 року.

«Каротинемія», блог «Медскейп», https://emedicine.medscape.com, вебсайт за станом на 7 грудня 2019 року.

Книга «Пригоди Свистульки та Марквинки в зоопарку» для дітей і дорослих.

© 2020 Марина К. Гіпсов

ISBN 978-1-0878-9568-0 (тверда обкладинка, українською).

ISBN 978-0-12-346578-8 (тверда обкладинка, російською, перше видання).

ISBN 978-1-39-361191-2 (електронна версія, російською, перше видання).

ISBN 978-1-0878-9569-7 (електронна версія, українською).

Здійснено за допомогою та за підтримки артстудії «Артмеллоу».

Люблю. Дякую.

The book "Adventures of the Whistling Girl and the Carrot Pal at the Zoo" for children and adults.
Copyright © 2020 Maryna K. Gipsov
ISBN 978-1-0878-9568-0 (hardcover, Ukrainian).
ISBN 978-0-12-346578-8 (hardcover, Russian, 1st edition).
ISBN 978-1-39-361191-2 (ebook, Russian, 1st edition).
ISBN 978-1-0878-9569-7 (ebook, Ukrainian).
Made possible with help and support
from the art space Artmellow:
https://art-mellow.com.
I love you. Thank you.

CPSIA information can be obtained
at www.ICGtesting.com
Printed in the USA
LVHW071535080422
715714LV00012B/578